AF414120

Gaona P. Pio Fernando, sel.
  Fábulas y moralejas / Pio Fernando Gaona P. selección. — 1ed. —Santa Fe de Bogotá: Cooperativa Editorial Magisterio, 1993.
  98p. — (Colección Montaña Mágica; Nº 4)
  ISBN 978-958-20-0020-2
  1. Fabulas I. Tit. II. Serie
CDD 398   /G16f

Fábulas y Moralejas

PÍO FERNADO GAONA P.
SELECCIÓN

MONTAÑA MÁGICA
MAGISTERIO

Colección Montaña Mágica

Título original de la obra: FÁBULAS Y MORALEJAS
Primera edición: 1993
Primera reimpresión: 1998
Segunda reimpresión: 2002
Tercera reimpresión: 2003
Cuarta reimpresión: 2018

© Pío Fernando Gaona P. Selección
© Cooperativa Editorial Magisterio
Diagonal 36 bis # 20-70 (Parkway la Soledad)
PBX: 3383605
Bogotá, D.C., Colombia.
www.magisterio.com.co
info@magisterio.com.co

Dirección General: Alfredo Ayarza Bastidas
Dirección Editorial: Pío Fernando Gaona Pinzón

Ilustraciones internas y de carátula: Beatriz Osuna, Futuro Moncada
Mauricio Mogollón

ISBN Libro: 978-958-20-0020-2

PRESENTACIÓN

Aristóteles consideraba la fábula en una perspectiva utilitaria: su empleo como ejemplo dentro de un discurso. M. Nojgaard la define "como relato ficticio de personajes mecánicamente alegóricos con una acción moral que evaluar". Para J. Janssens "la fábula es un relato de corta extensión en prosa o en verso, que se propone instruir, poner de relieve una verdad, enunciar un precepto mediante una historieta, que ilustra un caso concreto, y cuya consecuencia lógica tiene fuerza de demostración y ofrece el valor de una enseñanza universal... la fábula es la puesta en acción de una moraleja por medio de una ficción,... una instrucción moral que se cubre con el velo de la alegoría".

La primera fábula que se encuentra en la literatura griega está documentada en Hesiodo y es la de *El halcón y el ruiseñor* (Opera 202 - 212). No obstante son muy pocas las fábulas primeras conservadas y para su estudio se recurre a las colecciones de fábulas esópicas y a la transmisión indirecta de épocas posteriores. La discusión se ha centrado en torno a Grecia, India y Mesopotamia como lugares de mayor desarrollo.

Los personajes de la fábula se expresan en un lenguaje alegórico y son en la mayoría de los casos, un reflejo de la sociedad humana en cuanto encarnan virtudes y vicios de los hombres. No importa que estos personajes sean animales, plantas, objetos, hombres, personificaciones abstractas o dioses.

Los factores que influyen decisivamente en la acción de los personajes son la fuerza y la inteligencia, encarnadas cada una en un personaje (ocasionalmente en un grupo) fuerte frente a otro débil. La inteligencia tiene una importancia real, ya que el personaje más astuto suele imponerse al más fuerte pero menos inteligente. Es también la inteligencia la que determina la acción evaluada moralmente. Este factor de primacía intelectual otorga a la fábula su valor didáctico y pedagógico. Incluso en aquellos casos en que la fuerza hace prevalecer su despotismo, el lector puede inducir que allí impera la más completa injusticia y crueldad.

Sócrates inicia en la filosofía griega el problema de la conducta y de la ética. Según Platón, para Sócrates lo fundamental era el concepto de Bien, de Verdad y de Belleza en identidad con el ser supremo. Para la escuela de los cínicos el hombre es autosuficiente. Son pragmáticos y la fábula en su mezcla de seriedad y de broma, le va a servir al mismo tiempo como arma de enseñanza y de ataque. En el aspecto literario la escuela cínica creará un nuevo tipo de literatura en el que se mezcla lo serio y lo jocoso, lo trágico y lo cómico, y en el aspecto formal la poesía y la prosa. El cínico sigue la naturaleza y se adapta a la fortuna. No busca el poder, ni la riqueza. No siente las ataduras de la convención. Desprecia el orgullo y la jactancia, ama la verdad y la sinceridad. Es un ciudadano del mundo, lo que lo lleva a ser extranjero en todas partes. Considera que la virtud constituye un fin por sí misma. Frente al rico que atesora y al avaro que almacena, el cínico lleva todos los bienes consigo mismo y cifra el éxito en el esfuerzo y en una vida sencilla.

El pensamiento cínico en la fábula esópica ha tenido un profundo influjo. A su vez, ellos, las asimilaron a su doctrina y se sirvieron de ellas en su enseñanza.

La fábula ha tenido variaciones en la forma. En sus orígenes, los autores construían las moralejas y aparecían al comienzo o al final. Luego, otros, en las obras que pueden catalogarse como fábulas, desistieron de escribirlas.

En este volumen, a las fábulas de Esopo, Fedro y Samaniego, se les ha quitado la moraleja, no con el ánimo de recortar las obras, sino con el fin de posibilitar al lector formar una propia.

FÁBULAS DE CHINA

Durante el período de los Siglos III y IV a. de c., la dominación feudal de la dinastía Zhou comenzó a derrumbarse y los Estados subdivididos de China se invadieron los unos a los otros. La tierra podía ser vendida y comprada libremente y ciertos nobles se empobrecieron y se convirtieron en gentes sencillas y surgió una gran cantidad de pensadores y políticos que asimilaron la cultura China y se pusieron en contacto con la vida del pueblo y de las fábulas -alegorías inspiradas en anécdotas de la vida y las leyendas históricas- que se usaban como comunicación. Por eso, al satirizar ó censurar a los gobernantes, usaron gran cantidad de fábulas populares para reforzar la persuasión de sus doctrinas. De ellos, *Han Feizi, Zhuang Zi y Lie Zi* fueron las más importantes.

Liu Zong Yuan, del Siglo VIII y *Su Shi,* escribieron fábulas y el último, una recopilación titulada *Miscelanea de Ai Zi. Liu Ji*, del Siglo XIV, escribió *Yu Li Sé,* compuesto en su mayor parte de fábulas.

En los Siglos XVI y XVII, la dinastía Ming iba decayendo cada día. Los cortesanos y los eunucos se disputaban el poder y las riquezas. Los intelectuales progresistas adaptaron la fábula para satirizar los acontecimientos contemporáneos. Entre ellos se cuentan: *Jiang Yingke,* autor de *Relatos de Xuetao y Zhao Nanxing,* autor de *Elogio de la Risa, y Feng Menglong,* compilador de *Tesoro de los Chistes*.

Las fábulas presentadas fueron tomadas de *Fábulas Antiguas Chinas*, Ediciones extranjeras Beijing, 1989.

DEMASIADOS
SENDEROS

Un vecino de Yang Zi, que había perdido una oveja, mandó a todos sus hombres a buscarla y le pidió al sirviente de Yang Zi que se uniera a ellos.

—¡Qué! —exclamó Yang Zi—. ¿Necesita Ud. a todos estos hombres para encontrar una oveja?

—Son muchos los senderos que puede haber seguido —explicó el vecino. Cuando regresaron, Yang Zi preguntó al vecino:

—Bueno, ¿encontraron la oveja?

Este contestó que no. Entonces Yang Zi preguntó por qué habían fracasado.

—Hay demasiados senderos —respondió el vecino—. Un sendero conduce a otro, y no supimos cuál tomar; así es que regresamos.

Yang Zi se quedó hondamente pensativo. Permaneció silencioso largo tiempo y no sonrió en todo el día.

Sus discípulos estaban sorprendidos.

—Una oveja es una nadería —dijeron— y ésta no era ni siquiera suya. ¿Por qué tiene Ud. que dejar de hablar y sonreír?

Yang Zi no respondió, y sus discípulos se llenaron de perplejidad. Uno de ellos, Mengsun Yang, fue a contarle a Xindu Zi lo que ocurría.

—Cuando hay demasiados senderos —dijo Xindu Zi—, un hombre no puede encontrar su oveja. Cuando un estudiante se dedica

a demasiadas cosas, malgasta su tiempo y pier-
de su ruta. Usted es discípulo de Yang Zi y
aprende de él; sin embargo, parece que no ha
llegado a comprenderle nada. ¡Qué lástima!

Lie Zi

LA PARÁBOLA DEL ESTUDIO

Ya tengo setenta años —dijo el duque Ping de Jin a su músico ciego, Shi Kuang. —Aunque quisiera estudiar y leer algunos libros, creo que ya es demasiado tarde.

—¿Por qué no enciende la vela? —sugirió Shi Kuang.

—¿Cómo se atreve un súbdito a bromear con su señor? —exclamó el duque enojado.

—Yo, un músico ciego no me atrevería —protestó Shi Kuang—. Pero he oído decir que si un hombre es devoto al estudio en su juventud, su futuro es brillante como el sol matinal; si se aficiona al estudio en su edad media, es como el sol de mediodía; mientras que si comienza a estudiar de viejo, es como la llama de la vela. Aunque la vela no es muy brillante, a lo menos es mejor que andar a tientas en la obscuridad.

El duque estuvo de acuerdo.

Jardín de las Anécdotas

ARMADURA

Un día Tian Zan se presentó ante el príncipe de Jing hecho un andrajoso.

—Su vestimenta está bastante raída, señor —comentó el príncipe.

—Hay ropas peores que éstas —contestó Tian Zan.

—Dígame, por favor, ¿cuáles son?

—La armadura es peor.

—¿Qué quiere decir con eso?

—Es fría en invierno y caliente en verano; por eso no hay peor ropa que una armadura. Ya que soy pobre, es natural que mis ropas sean andrajosas; pero Su Alteza es un príncipe con diez mil carrozas y una incalculable fortuna; sin embargo le gusta vestir a los hombres de armaduras. Esto no lo puedo comprender. ¿Tal vez Su Alteza busca la fama? Pero la armadura se usa en la guerra, cuando a los hombres se les corta la cabeza y se acribilla sus cuerpos; se arrasan sus ciudades y se tortura a sus padres y a sus hijos; lo cual nada tiene de glorioso. ¿O tal vez va Su Alteza en busca de ganancias? Pero si trata de dañar a otros, otros tratarán de dañarle, y si Su Alteza pone en peligro sus vidas, harán peligrar la suya. Así no conquistará sino tribulaciones para sus propios hombres. Si yo fuera Su Alteza, no haría la guerra, ni por lo uno ni por lo otro.

El príncipe de Jing no pudo replicar.

Liu Xiang

LOS BARCOS VIEJOS

Cuando Hu Lizi abandonó la capital para regresar a su pueblo natal, el Primer Ministro puso un funcionario a su disposición para que lo acompañara.

—Escoja para su viaje —le dijo— el barco del gobierno que más le guste.

El día de la partida, Hu Lizi fue el primero en llegar al embarcadero. Había allí varios miles de embarcaciones amarradas a lo largo de la ribera. Hizo esfuerzos por reconocer los barcos del gobierno, pero fue inútil. Cuando llegó el funcionario que debía acompañarlo, le preguntó:

—¡Aquí hay tantos barcos! ¿Cómo distinguir los del gobierno?

—Nada más fácil —contestó su interlocutor—. Aquellos que tienen el toldo agujerado, los remos quebrados, y las velas rajadas, son todos barcos del gobierno.

Hu Lizi levantó sus ojos al cielo y suspirando dijo para sí mismo: "No es de extrañar que el pueblo sea tan miserable. ¡El emperador seguramente también lo considera como propiedad del gobierno!".

Yu Li Zi
Liu Ji (1311-1375)

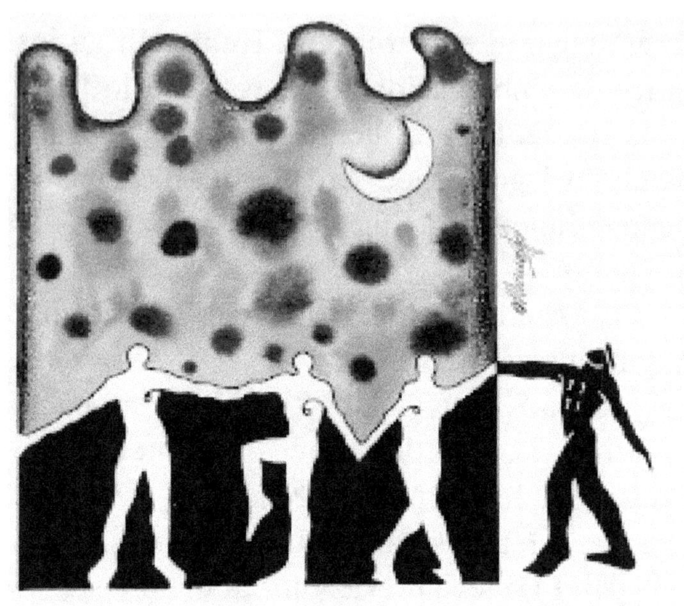

TIEMPO ANORMAL

Una noche de invierno, un general comía dentro de su tienda. Un gran fuego de leña y numerosas velas calentaban la atmósfera.

Después de vaciar muchos vasos de vino, el militar sintió que el calor le subía a la cabeza.

—El tiempo no es normal este año —suspiró—. En esta época del año debería hacer frío, ¡y he aquí que hace calor!

Los soldados que se helaban afuera mientras montaban la guardia lo oyeron. Uno de ellos se presentó ante él.

—¡Mi general —le dijo arrodillándose— a nosotros nos parece, en el lugar donde estamos, que la temperatura es completamente normal!.

Relatos de Xue Tao

AMBROSE G. BIERCE

Nació en Horse Cave Creek, Meigs County Ohio, E.U. el 24 de junio, 1842.

Era el décimo de trece hijos. Amigo de la poesía y de la aliteración, su padre les había dado a los trece nombres de pila empezando por la letra "A". Ambrose les habló de sus padres a un amigo como de "salvajes que no se lavan", exageración típica, de ser verdad, de su pasión por los juicios mordaces y satíricos. Su padre era campesino y el poco dinero que ganaba, lo gastaba en llenar su biblioteca de textos clásicos. A los diez años, Bierce había leído la traducción de Homero al inglés de Pope, y años más tarde reconocería que debía a los libros de su padre sus ambiciones literarias.

En 1861 se alistó como voluntario en las tropas unionistas del norte en la guerra de secesión americana. De allí nació la inspiración para la historia de *Chickamauga y The Major's Tale*, de carácter autobiográfica la última.

En 1867 consiguió un empleo de portero de noche en San Francisco y como le quedaba mucho tiempo libre empezó su carrera de escritor autodidacta. Consciente de su falta de educación (aparecían en sus escritos errores ortográficos y gramaticales) se propuso leer cuanto pudiera, prefiriendo a Burke, Spencer y Pope.

Sus primeras obras publicadas fueron dos poemas titulados *Basilica y Amystery* que aparecieron en el *Californián* en 1867. Años más tarde escribiría "cuando tenía veinte años llegué a la conclusión de que no había nacido para poeta. Fue el momento más doloroso de mi vida".

En 1871 se casó con Molliè Day, tuvieron tres hijos y después de vivir en Londres regresó a San Francisco donde abandonó el hogar al descubrir unas cartas de un pretendiente de Molliè. De ella dijo después: "No me ha gustado nunca competir, ni siquiera por el favor de una mujer".

Trabajó de 1908 a 1912 en la publicación de sus *Obras Completas* en doce volúmenes y la colección de ensayos escritos en su permanente oficio como columnista de periódicos. Viajó hacia México a juntarse con el ejército de Pancho Villa lográndolo en Juárez. Sitiada la ciudad de Ojinaga a partir del 1 de enero de 1914, después de diez días fue tomada y se quemaron los cuerpos en grandes pilas para evitar el tifus. Puede que entre ellos se hallara el cuerpo de Ambrose Bierce o puede que muriera en cualquier lugar durante el curso de su expedición debido al asma, a su edad ó a cualquier otro incidente. En Ojinaga vieron al "gringo viejo" durante la batalla.

Ambrose Bierce, prefiere el relato corto a la novela para dar unidad y totalidad de efecto a la obra literaria que sólo se consigue cuando el lector puede hacerlo sin interrupción. Y así, dentro de los géneros que cultivó, se halla el relato, la fábula y el epigrama.

El horror, la sátira y el cinismo son los

ingredientes de la narrativa de Bierce. Dentro de los géneros cortos, los tuvo en verso y en prosa, en forma narrativa y dramática. Algunos son reducciones al absurdo. Bierce hace incapié en la lucidez del pensamiento, el ingenio, la precisión y el gusto. No el buen gusto, sino el gusto.

Las fábulas presentadas y la información para hacer estas notas fueron tomadas de *Fábulas de Fantasía*, Barcelona Bosch Casa Editorial, 1980.

DOS POLÍTICOS

Dos políticos intercambiaban opiniones sobre las recompensas de servir al público.

—La recompensa que yo más anhelo —dijo el Primer Político— es la gratitud de mis ciudadanos.

—Esto sería sin duda muy gratificador —dijo el Segundo Político—, pero, por desgracia, tiene uno que retirarse de la política para obtenerlo.

Durante breves instantes se miraron el uno al otro con inexplicable ternura. Después murmuró el Primer Político:

—¡Cúmplase la voluntad de Dios! Ya que no podemos alcanzar la recompensa, contentémonos con lo que tenemos.

Y sacando su mano derecha del tesoro público, juraron estar contentos.

EL OPTIMISTA Y EL CÍNICO

Un hombre que había conocido los favores de la fortuna y era un Optimista se encontró con un hombre que había conocido a un optimista y era un Cínico. El Cínico se apartó pues del camino y dejó que pasase el Optimista en su carroza de oro.

—Hijo mío —dijo el Optimista, deteniendo la carroza de oro—, parece como si ni tuvieras un solo amigo en el mundo.

—No sé si lo tengo o no —replicó el Cínico— ya que tú tienes el mundo.

LA FORTUNA Y EL FABULISTA

Un Escritor de Fábulas paseaba por un bosque solitario cuando se encontró con una Fortuna. Del susto trató de subir a un árbol, pero la Fortuna lo derribó y lo avasalló con cruel insistencia.

—¿Por qué quisiste huir? —dijo la Fortuna, al cesar los aspavientos y los gritos—

¿Por qué me miras con tanta hostilidad?

—No sé quién eres —respondió el Escritor de Fábulas, profundamente descompuesto.

—Soy la riqueza, soy la respetabilidad —explicó la Fortuna—. Soy una casa elegante, un yate y una camisa limpia todos los días. Soy el ocio, los viajes, el vino, un sombrero brillante y un abrigo que no brilla. Soy el tener con que comer.

—Está bien —dijo el Escritor de Fábulas, en susurros—, pero habla más bajo, por lo que más quieras.

—¿Por qué? —preguntó sorprendida la Fortuna.

—Para no despertarme —respondió el Escritor de Fábulas, y una calma beatífica se apoderó de su hermoso semblante.

LA IMPROCEDENCIA

Un político que había sido procesado por un Tribunal cruel, fue detenido por un Sheriff y encerrado en la cárcel. Como esto era contrario a la refinada delicadeza de su espíritu, mandó llamar al Fiscal y le pidió que anulara la sentencia.

—¿Por qué motivo? —preguntó el Fiscal.

—Por falta de pruebas —respondió el acusado.

—¿Podría enseñarme la falta? —preguntó el oficial—. Me gustaría verla.

—Con mucho gusto —dijo el otro—. Aquí la tiene.

Así diciendo, le entregó un cheque que el Fiscal examinó atentamente, declarándolo la más completa ausencia de pruebas y sospechas que jamás había visto. Dijo que se podría absolver con ella al hombre más viejo del mundo.

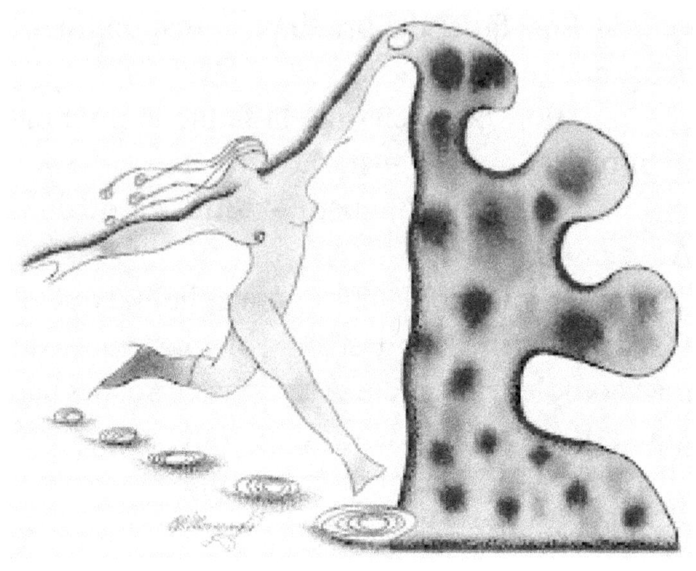

UN SENDERO

Una Mujer Rica que acababa de volver del extranjero desembarcó al pie de la Calle Hasta la Rodilla y se dirigía a su hotel por en medio del barro.

—Señora —dijo un Policía—, no puedo permitirlo; se ensuciará los zapatos y las medias.

—Oh, no tiene importancia, se lo asegu-
ro —replicó la Mujer Rica, sonriendo afa-
blemente.

—Pero, señora, no es necesario; como
puede ver, desde el muelle hasta el hotel se
extiende una línea ininterrumpida de periodis-
tas postrados que esperan que les conceda el
honor de caminar sobre ellos.

—En ese caso —dijo la Mujer Rica, sen-
tándose en el dintel de una puerta y abriendo
la maleta— tendré que ponerme botas de goma.

AUGUSTO MONTERROSO

Nació en Guatemala en 1921 y reside en México.

Se hizo autodidacta a través de la lectura de grandes obras y asumió con gran éxito su proyecto de vida: La Literatura.

Sus escritos son cortos, cargados de todo lo que llevan las fábulas en sí: Ironía, humor, cinismo, criticidad.

El haber escrito la fábula sobre la mosca le ha permitido coleccionar muchas obras que le envían autores en las cuales este animal aparece cmo personaje.

Ha obtenido el premio Magda Donato (1970) y el premio Villaurrutia (1975). En 1988 recibió la condecoración del Aguila Azteca de México, por su aporte a la cultura de este país.

LA MOSCA QUE SOÑABA QUE ERA UN ÁGUILA

Había una vez una Mosca que todas las noches soñaba que era un Aguila y que se encontraba volando por los Alpes y los Andes.

En los primeros momentos esto la volvía loca de felicidad; pero pasado un tiempo le causaba una sensación de angustia, pues hallaba las alas demasiado grandes, el cuerpo demasiado pesado, el pico demasiado duro y las garras demasiado fuertes; bueno, que todo ese gran aparato le impedía posarse a gusto sobre los ricos pasteles o sobre las inmundicias humanas, así como sufrir a conciencia dándose topes contra los vidrios de su cuarto.

En realidad no quería andar en las grandes alturas, o en los espacios libres, ni mucho menos.

Pero cuando volvía en sí lamentaba con toda el alma no ser un Aguila para remontar montañas, y se sentía tristísima de ser una Mosca, y por eso volaba tanto, y estaba tan inquieta, y daba tantas vueltas, hasta que lentamente, por la noche, volvía a poner las sienes en la almohada.

LA OVEJA NEGRA

En un lejano país existió hace muchos años una oveja negra.

Fue fusilada.

Un siglo después, el rebaño arrepentido le levantó una estatua ecuestre que quedó muy bien en el parque.

Así, en lo sucesivo, cada vez que aparecían ovejas negras eran rápidamente pasadas por las armas para que las futuras generaciones de ovejas comunes y corrientes pudieran ejercitarse también en la escultura.

LA BUENA CONCIENCIA

En el centro de la selva existió hace mucho una extravagante familia de plantas carnívoras que, con el paso del tiempo, llegaron a adquirir conciencia de su extraña costumbre, principalmente por las constantes murmuraciones que el buen Céfiro les traía de todos los rumbos de la ciudad.

Sensibles a la crítica, poco a poco fueron cobrando repugnancia a la carne, hasta que llegó el momento en que no sólo la repudiaron en el sentido figurado, o sea el sexual, sino que por último se negaron a comerla, asqueadas a tal grado que su simple vista les producía náuseas.

Entonces decidieron volverse vegetarianas.

A partir de ese día se comen únicamente unas a otras y viven tranquilas, olvidadas de su infame pasado.

JALIL GIBRÁN

Jalil Gibrán nació en Becharré, Líbano, en 1883. Desde muy pequeño se dedica a la lectura y se cuenta, con asombro, cómo a los once años declamaba de memoria los Salmos de David.

Muy joven emigra con su madre y otros tres hermanos a Boston, Estados Unidos, en donde pronto aprende inglés a la perfección y realiza algunos estudios en diversos planteles de la ciudad. Regresa, entonces, al Líbano, en donde sigue perfeccionando su cultura humanística y comienza a pensar en el tema central de la que sería su obra maestra: *El profeta*.

Vuelve a Boston, sigue escribiendo, y, curiosamente, se da a conocer como dibujante y pintor.

La publicación de *El profeta* desencadenó la de libros tan importantes como *Arena y espuma, El loco, Las alas rotas* y *Jesús, el hijo del hombre,* entre otros.

Murió en New York a la edad de cuarenta y ocho años, admirado y querido por millones de personas en todo el mundo.

Las fábulas *Cuerpo y Alma, El Rey, La Guerra y la Paz y El Loco* fueron tamadas del libro *"El Vagabundo"*. *Ratones y Huesos, La Zorra, El Astrónomo y Las Tres Hormigas* fueron tomadas del libro *"El Loco"*.

EL ASTRÓNOMO

A la sombra de un templo, mi amigo y yo vimos un ciego sentado, solitario . Y mi amigo me dijo:

—Mira, este es el hombre más sabio de nuestra tierra.

Me separé entonces de mi amigo y me acerqué al ciego y lo saludé y conversamos.

Momentos después, le dije:

—Disculpa mi pregunta. ¿Desde cuándo estás ciego?

Y él me contestó:

—Desde que nací.

Le pregunté:

—¿Y qué sendero de la sabiduría has seguido?

Y él me contestó:

—Soy Astrónomo.

Luego, puso la mano al pecho, y dijo:

—Sí, observo todos estos soles, y estas lunas, y estas estrellas.

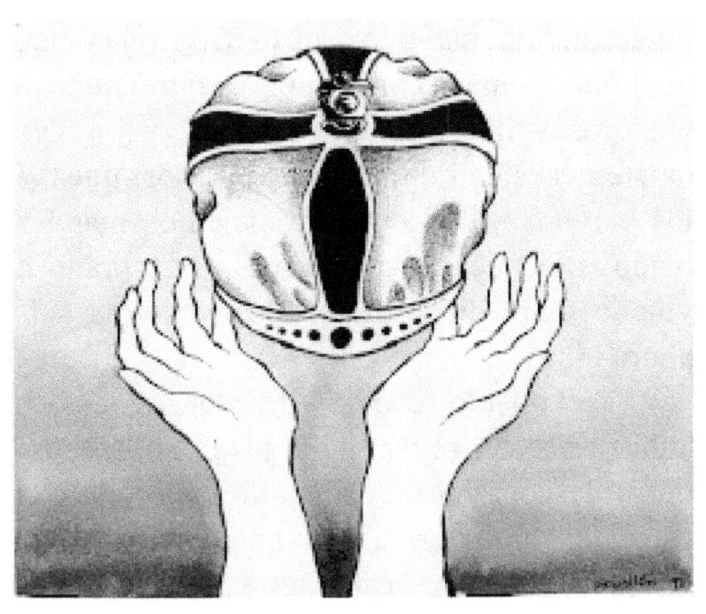

EL REY

La gente del reino de Sadik rodeó el palacio de su rey gritando en rebelión contra él. Y el rey descendió la escalera del palacio portando su corona en una mano y su cetro en la otra. La majestuosidad de su presencia silenció a la multitud, y, deteniéndose frente a ellos, dijo: "Amigos míos, puesto que no sois más mis súbditos he aquí que os restituyo mi corona y mi cetro. Seré uno de vosotros. Soy solamente un hombre más, como tal trabajaré junto a vosotros y nuestra tierra rendirá mejor. No existe necesidad de un rey. Vayamos, pues, a los campos y viñedos y trabajemos mano a mano. Sólo debéis indicarme a qué prado o viñedo debo dirigirme. Todos vosotros sois ahora el rey".

Y el pueblo se maravilló, y el silencio los cubrió; pues el rey, a quien juzgaran la causa de su descontento, les restituía la corona y el cetro, y se transformaba en uno de ellos.

Luego todos y cada uno siguieron su camino y el rey se dirigió al prado acompañado por un hombre.

Más, el Reino de Sadik no marchaba sin un rey, y el velo de descontento aún permanecía sobre la tierra. La gente gritaba en el mercado diciendo que debían ser gobernados y que debían tener un rey que los dirigiera. Y los ancianos y los jóvenes decían al unísono: "Tendremos nuestro rey".

Y buscaron al rey y lo encontraron afanándose en el campo, y lo llevaron hasta su trono devolviéndole la corona y el cetro. Y así hablaron: "Ahora gobiérnanos con grandeza y con justicia.

Y él respondió: "Ciertamente os gobernaré con grandeza, y quieran los dioses del paraíso y la tierra ayudarme para que también os gobierne con justicia".

Entonces llegaron hasta su presencia hombres y mujeres para hablarle sobre un barón que los maltrataba y de quien eran sólo esclavos. De inmediato el rey llamó al barón junto a él y le dijo: "La vida de un hombre pesa como la vida de cualquier otro en la escala de Dios. Y porque tú no sabes pesar la vida de quienes trabajan tus tierras y tus viñedos quedas desterrado y abandonarás este reino para siempre".

Al día siguiente llegó otro grupo hasta el rey y habló de la cruel condesa del otro lado de las colinas, y de cómo los había conducido a la miseria. De inmediato la condesa fue traída hasta la corte y el rey también la sentenció al destierro diciendo: "Aquellos que labran nuestros campos y cuidan nuestros viñedos son más nobles que nosotros, quienes comemos el pan preparado por ellos y bebemos el vino de sus lagares. Y porque tú no lo sabes, dejarás esta tierra y vivirás lejos de este reino".

Luego vinieron hombres y mujeres diciendo que el obispo les hacía traer piedras y esculpirlas para la catedral, mas no les había pagado pese a que el cofre del obispado se hallaba repleto de oro y plata, mientras ellos mismos se encontraban vacíos y hambrientos.

El rey requirió la presencia del obispo, y cuando lo tuvo frente a sí, dijo: "Esa cruz que usas sobre tu pecho debería significar dar vida a la vida. Mas, tú has tomado la vida y devuelto nada, por lo que abandonarás este reino para nunca regresar".

Y así cada día, hasta el tiempo de la luna llena, hombres y mujeres llegaban hasta el rey para contarle sobre las cargas que pesaban sobre ellos. Y cada día, y todos los días de una luna entera, algún opresor era exiliado de esta tierra.

El pueblo de Sadik estaba maravillado, y había alegría en los corazones.

Y cierto día los ancianos y los jóvenes rodearon la torre del rey y pidieron por él. El descendió llevando la corona en una mano y el cetro en la otra.

Y les habló diciendo: "Ahora, ¿qué queréis de mí? Tened, os devuelvo lo que vosotros deseasteis que yo tuviera".

Mas ellos gritaron: "¡No! ¡No! Tú eres nuestro correcto rey. Has limpiado la tierra de víboras y convertido en nada a los lobos, y venimos a cantarte nuestro agradecimiento. La corona es vuestra en majestad y el cetro es vuestro en gloria".

El rey respondió: "¡Yo no soy el rey! ¡Yo no! Vosotros mismos sois el rey. Cuando me juzgasteis incapaz y mal gobernante vosotros mismos erais incapaces e ingobernables. Y ahora la tierra rinde bien porque está en vuestra voluntad el hacerlo. Yo no existo sino en vuestras acciones. No existe una persona gobernante. Existen sólo los gobernados que se gobiernan a sí mismos".

El rey retornó a la torre con su corona y su cetro. Y los ancianos y los jóvenes tomaron sus diferentes caminos sintiéndose felices.

Y cada uno de ellos se imaginó a si mismo un rey con la corona en una mano y el cetro en la otra.

CUERPO Y ALMA

Un hombre y una mujer estaban sentados en el alféizar de una ventana que se abría hacia la primavera. Estaban muy juntos y la mujer dijo: "Te amo. Eres guapo, eres rico, y siempre estás bien arreglado".

Y el hombre dijo: "Te amo. Eres un hermoso pensamiento; eres algo único para que se pueda poseer, y un canto en mis sueños".

Pero la mujer le volvió la espalda, enojada, y dijo: "Señor, por favor, déjame sola. No soy un pensamiento, y tampoco soy algo que pasa en tus sueños. Soy una mujer. Y me gustaría que me desearas como a una esposa, y como a la madre de hijos que aún no nacen".

Y se separaron.

Y el hombre iba diciendo en su corazón: "He aquí otro sueño que ahora se ha convertido en niebla".

Y la mujer iba diciendo: "¿Qué clase de hombre es el que me convierte en una niebla y en un sueño?".

LA GUERRA Y LA PAZ

Tres perros estaban asoleándose, y conversaban.

El primer perro dijo, soñadoramente: "Es de veras una maravilla estar viviendo en este día propicio a los perros. Considerad la felicidad con que viajamos sobre el mar, sobre la tierra, y aun en el cielo. Y meditad un momento en las invenciones que hay ahora para la comunidad de los perros; para nuestros ojos, nuestros oídos, y para nuestras narices".

Y el segundo perro habló, y dijo: "Ahora somos más diestros en el arte. Ladramos a la luna más rítmicamente que nuestros antepasados. Y cuando nos miramos en el agua, vemos que nuestras facciones son más claras que las facciones de otros tiempos.".

Luego, el tercer perro habló, y dijo: "Pero lo que más me interesa y lo que más me asombra es el tranquilo entendimiento que existe entre los reinos de perros".

En ese momento, miraron hacia la calle, y para desgracia suya vieron que el perrero se acercaba a ellos.

Los tres perros se separaron, saltaron y corrieron calle abajo; y mientras corrían, el tercer perro exclamó: "¡Por Dios, corred para salvar la vida! ¡La civilización nos persigue!"

EL LOCO

En el jardín de un establecimiento para alienados conocí a un joven de rostro pálido, muy agradable, y lleno de asombro.

Y me senté a su lado, en una banca, y le pregunté: "¿Por qué estás aquí?"

Y aquel joven me miró, asombrado, y me dijo: "Es una pregunta indiscreta, pero te contestaré. Resulta que mi padre quería que fuera yo su imagen viva, y también mi tío quería que fuera yo como él. Mi madre quería que saliera yo a la imagen de su ilustre padre. Mi hermana me ponía de ejemplo a su esposo, que es marino, para que siguiera sus pasos. Mi hermano desea que me parezca a él, que es un consumado atleta.

"Y mis maestros también querían que fuera yo como ellos: el doctor de filosofía, el maestro de música, el de lógica...; todos estaban enpeñados en que fuera yo un reflejo fiel, como el de un espejo, del rostro de cada uno de estos señores.

"Por tanto, vine a este sitio. Considero que este lugar es más sano... Por lo menos, puedo ser *yo mismo*".

De pronto, aquel joven se volvió hacia mí, y me preguntó: "Pero, dime, ¿también tú llegaste a este lugar, obligado por la educación y los buenos consejos?".

Le contesté: "No; sólo estoy de visita".

Y el joven comentó: ¡Ah! Eres de los que viven en el manicomio, del otro lado de esa tapia".

LEON TOLSTOI

León Tolstoi nació en Rusia (Jasnaja Poljana) 1828 y murió en 1910. Después de participar en la guerra de Crimea, se estableció en su ciudad natal y contrajo matrimonio en 1862. Sus años de experiencia militar fueron recreados en *Sebastopol* (1865), *Dos húsares* (1856) y *Los Cosacos* (1863).

En 1869 termina su monumental *Guerra y Paz,* novela histórica que lo coloca al nivel de los mejores narradores de todos los tiempos. En 1877 obtuvo otro gran éxito con *Ana Karenina.* Comprometido con las luchas de su tiempo, padeció profunda crisis, sin que le impidiera continuar su creación literaria: *En*

qué consiste mi fe, Sonata a Kreutzer, Resu-
rrección, La muerte de Iván Ilich, y otros.

Las fábulas fueron tomadas de *Fábulas
del Mundo*, Edilux Ediciones, Medellín, 1989.

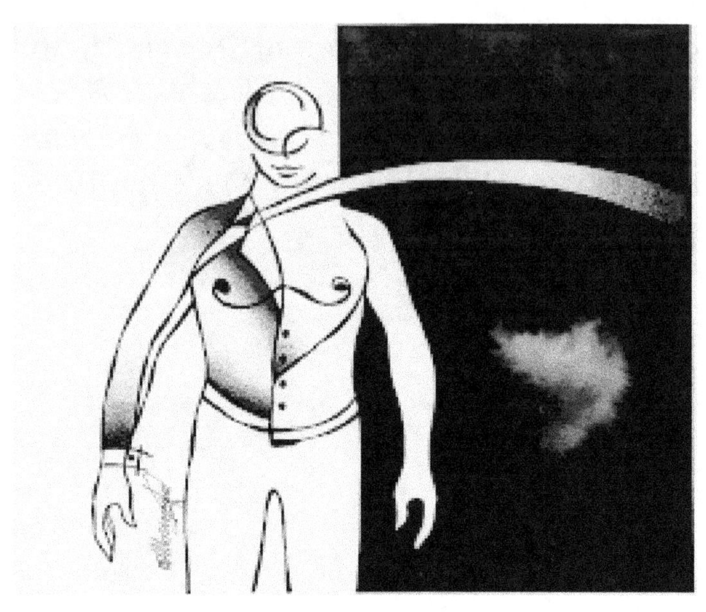

LA CAMISA DEL HOMBRE FELIZ

Estaba muy enfermo el zar, y dijo: —¡Daría la mitad de mi reino a quien me curase!

Entonces todos los sabios se reunieron para ver de curarle, pero no encontraban el medio. Uno de ellos, sin embargo, declaró que sabía cómo podía curarse el zar.

—Si se encuentra un hombre feliz sobre la Tierra —dijo— que le quiten su camisa y se la pongan al zar. Entonces quedará curado.

El zar mandó buscar un hombre feliz por todo el mundo. Los enviados del soberano recorrieron todos los países pero no hallaron lo que buscaban. No encontraron un solo hombre que estuviera contento con su suerte.

El uno era rico, pero enfermo, el otro estaba sano, pero era pobre, aquel rico y sano, se quejaba de su mujer; éste de sus hijos: todos deseaban algo más y no eran felices.

Un día el hijo del zar, que pasaba por delante de una pobre choza, oyó que en su interior alguien exclamaba:

—Gracias a Dios he trabajado y he comido bien. Soy feliz, ¿qué más puedo desear?

El hijo del zar se sintió lleno de alegría e inmediatamente mandó por la camisa de aquel hombre, a cambio de todo cuanto quisiera. Los enviados se presentaron a toda prisa en la choza del hombre feliz para quitarle la camisa; pero el hombre era tan pobre que ni siquiera usaba esa prenda.

LA PIEDRA

Un pobre le fue a pedir limosna a un rico y éste no le dio nada.

—¡No te quiero ver por aquí! —le dijo.

Pero el pobre no se movió.

Entonces el rico se enfadó y le tiró una piedra al mendigo.

El pobre cogió aquella piedra, se la guardó entre sus harapos y dijo:

—La guardaré hasta que me llegue la hora de tirártela.

Pasó el tiempo. El rico cometió un delito, fue despojado de cuanto tenía y llevado a la cárcel.

Al verle pasar esposado, el pobre se le acercó, sacó la piedra y levantó la mano para tirársela; pero, pensándolo mejor, la dejó caer al suelo y dijo:

—No ha servido para nada guardar la piedra tanto tiempo. Cuando era rico y poderoso, le temía; ahora que le va mal, le compadezco.

ESOPO

A propósito de Esopo, más de un estudioso defiende que se trataba de un nuevo nombre sin ninguna realidad. La invención de este nombre tenía como finalidad servir de patrón a la fábula. Y la fábula sería una invención del pueblo. Por parte de otros investigadores, Esopo vivió en Grecia hacia el Siglo VI a. de c. y tuvo renombre como autor y recitador de fábulas. Murió en Delfos condenado a muerte por sacrilegio.

Aristóteles en *Retorica II 20* presenta a Esopo defendiendo en Samos a un demagogo a quien se juzgaba de pena capital. Para ello recurre a la fábula *La zorra y el erizo* y concluye que el demagogo por haberse ya enri-

quecido, no hará más daño a los Samos. Pero
si le matan vendrán otros gobernantes pobres,
que robándoles gastarán el dinero.

EL PERRO Y EL ASNO

Caminaba un mastín en compañía de un asno, cargado de pan. La larga marcha despertóles el hambre, por lo que el asno se detuvo a comer los yerbajos que crecían al borde del camino. Esto aumentó el apetito del mastín que le contemplaba envidioso y que no pudiendo aguantar más le pidió un pedazo de pan de los que llevaba sobre la albarda.

Respondióle el asno que si tenía hambre, se buscase como él la comida por el camino, pues no había pan que desperdiciar.

En esto divisaron a lo lejos un lobo que avanzaba hacia ellos. Apenas lo vio el asno, púsose a temblar y suplicó al mastín que no se separase de su lado y le defendiese del lobo.

—No por cierto —le respondió el perro— los que comen solos deben luchar solos. Y diciendo y haciendo dejó a su camarada de camino a merced del lobo.

LA ALONDRA Y SUS POLLUELOS

Tenía una alondra su nido en un trigal. Una mañana antes de salir en busca de comida para sus hijuelos, les recomendó que estuviesen alerta a todo lo que el labrador, dueño de aquellos campos dijese, y se lo contasen a su vuelta.

Cuando la madre regresó al nido, refiriéronle sus pequeñuelos que el labrador, con su hijo, había pasado por allí, y que ambos habían determinado llamar a los vecinos para que los ayudaran en la siega del trigo.

—Entonces —dijo la alondra madre—, todavía no hay ningún peligro.

Al día siguiente contáronle las alondrillas cómo había vuelto a pasar por allí el labrador, y había dicho a su hijo que fuese a llamar a sus primos para que le ayudasen a segar la mies.

Al oír esto, nuevamente pensó la alondra que el peligro no era aún inminente.

Al tercer día, dijeron los pajarillos a su madre que habían oído asegurar al labrador que él mismo iba a segar el campo.

—¡Ah! ¿sí? —les contestó la prudente alondra—: entonces ha llegado la hora de que nos vayamos de aquí. Ya sabía yo que ni los vecinos ni los primos del labrador le ayudarían en la tarea; pero si es él mismo el que va a segar el trigal, no nos queda más remedio que mudarnos a otro campo.

LA PALOMA Y LA HORMIGA

Una hormiga iba andando con sus tres pares de patas cuando, de pronto, se paró.

—Tengo sed —dijo la hormiga en voz alta.

—¿Por qué no bebes un poco de agua del arroyo? —dijo una paloma que estaba en una rama de un árbol próximo—. El arroyo está cerca. Pero cuidado no caigas en él.

La hormiga fue al río y comenzó a beber.

Un viento repentino la arrojó al agua.

—¡Socorro! —gritaba la hormiga—. ¡Me ahogo!

La paloma se dio cuenta de que tenía que actuar rápidamente para salvarla. Rompió una ramita del árbol con el pico. Después, voló sobre el arroyo con la ramita y la dejó caer junto a la hormiga.

La hormiga se subió a la ramita y, flotando sobre ella, llegó hasta la orilla.

Poco después, la hormiga vio a un cazador. Estaba preparando una trampa para cazar a la paloma. La paloma comenzó a volar hacia la trampa.

La hormiga se dio cuenta de que tenía que actuar rápidamente para salvarla.

Así, la hormiga abrió sus fuertes mandíbulas y mordió el desnudo tobillo del cazador.

—¡Ay! —gritó el cazador.

La paloma oyó ese grito y salió volando.

FEDRO

El principal cultivador de la fábula en Roma fue Cayo Julio Fedro, que vivió en el Siglo I a. de C.. Fedro escribió cinco libros de *Fábulas*. Esclavo primero y liberto después, Fedro desarrolló su actividad bajo la tutela de los emperadores.

Fedro presenta a Esopo como creador de la fábula, considerándolo su predecesor. Muchas de las fábulas de Fedro son traducciones directas de las de Esopo. En otros casos adopta el espíritu esópico para exteriorizar su pensamiento, en una sociedad que negaba este derecho.

EL VIEJO PASTOR Y EL ASNO

A menudo, en un cambio de gobierno, los pobres no cambian nada, a no ser el nombre del señor.

Esta breve fabulilla demuestra que esto es verdad. Un tímido anciano apacentaba un asno en un prado. Aterrorizado por el súbito clamor de los enemigos, exhortaba al asno a huír, para que no pudieran ser cogidos. Mas el borriquillo, sosegado, dijo: "Dime, por favor, ¿acaso piensas que el vencedor me colocará encima dos albardas?" El anciano dijo que no. "Así pues, ¿qué me importa a quién sirva, prosiguió el asno, mientras lleve mis albardas?".

FELIX MARÍA DE SAMANIEGO

Natural de la Rioja alavesa, España. 1745 - 1801.

Estudió derecho en Valladolid y música en Francia. Tuvo problemas con la inquisición. El Santo Tribunal juzgó sus escritos como inmorales al encontrar en ellos ciertas ideas anticlericales y libertinas.

Samaniego tiene un espíritu epicúreo y enciclopedista, desempeñó gratuitamente cargos públicos en la administración del condado de Floridablanca. Lo que le ha dado fama en la historia de la literatura son sus fábulas morales, dedicadas a los "Caballeros Alumnos del Real Seminario Patriótico Vascongado".

EL LOBO Y EL PERRO

En busca de alimento
Iba un Lobo muy flaco y muy hambriento.
Se encontró con un Perro tan relleno,
Tan lucio, sano y bueno,
Que le dijo: —Yo extraño
Que estés tan de buen año
Como se deja ver por tu semblante,
Cuando a mí, más pujante,

Más osado y sagaz, mi triste suerte
Me tiene hecho retrato de la muerte.
El Perro respondió: —Sin duda alguna
Lograrás, si tú quieres, mi fortuna.
Deja el bosque y el prado,
Retírate a poblado;
Servirás de portero
A un rico caballero,
Sin otro afán ni más ocupaciones
Que defender la casa de ladrones.
—Acepto desde luego tu partido,
Que para mucho más estoy curtido.
Así me libraré de la fatiga,
A que el hambre me obliga,
De andar por montes, sendeando peñas,
Trepando riscos y rompiendo breñas,
Sufriendo de los tiempos los rigores,
Lluvias, nieves, escarchas y calores.
A paso diligente
Marchaban juntos amigablemente,
Tratando varios puntos de confianza
Pertenecientes a llenar la panza.
En esto el Lobo, por algún recelo
Que comenzó a turbarle su consuelo,
Mirando al Perro, dijo: —He reparado

Que tienes el pescuezo algo pelado.
Dime: ¿Qué es eso? —Nada.
—¡Dímelo, por tu vida, camarada!
—No es más que la señal de la cadena;
Pero no me da pena,
Pues aunque por inquieto
A ella estoy sujeto,
Me sueltan cuando comen mis señores.
Recíbenme a sus pies con mil amores;
Ya me tiran el pan, ya la tajada,
Y todo aquello que les desagrada;
Este lo mal asado;
Aquél, un hueso poco descarnado;
Y algún glotón, que todo se lo traga,
A lo menos me halaga
Pasándome la mano por el lomo.
Yo meneo la cola, callo y como.
—Todo eso es bueno, yo te lo confieso;
Pero, por fin y postre, tú estás preso.
Jamás sales de casa,
Ni puedes ver lo que en el pueblo pasa.
¿Es así? Pues, amigo,
La amada libertad que yo consigo
No he de trocarla de manera alguna
Por tu abundante y próspera fortuna.

¡Marcha, marcha a vivir encarcelado!
No serás envidiado
De quien pasea el campo libremente,
Aunque tú comas tan glotonamente
Pan, tajadas y huesos, porque, al cabo,
No hay bocado en sazón para un esclavo.

FELIX MARÍA DEL MONTE

Félix María del Monte (1819-1899). Legislador, periodista y escritor dominicano que desempeñó papeles muy importantes en la actividad cultural de su país y fue ministro en varias ocasiones.

Utilizando el seudónimo de Delio publicó numerosos poemas y algunas fábulas de intención y sabor claramente políticos.

EL HOMBRE, EL ARBOL
Y EL TORO

En un áspero desierto,
lleno de maleza y zarzas,
un árbol de fruto henchido
la enhiesta copa ostentaba.

Al pastor, al peregrino,
al rebaño sombreaba

y a muchas generaciones
muelle descanso brindaba.

Un hombre brusco, grosero,
que aquel yermo atravesaba
sin acordarse de ayer
y sin pensar en mañana;
de estos que toman la vida
como instrumento de holganza,
sin pensamiento, sin fruto,
sin lecciones ni mudanzas,
llegó al árbol secular,
tendió a su sombra la capa,
y al sueño más indolente
entregóse sin tardanza.
Transcurridas largas horas,
entre el descanso y la calma,
examinó de los frutos
la profusión extremada,
e incitado el apetito
probó a trepar a las ramas;
pero juzgando más fácil
cortar el árbol, el hacha
desapiadado observa,
y al rey del yermo descuaja.

Apenas probado había
el fruto que ambicionaba,
cuando un Toro montaraz
a aquel sitio se abalanza.

La tierra escarba altanero,
enardecido rebrama,
mientras el hombre en tal peligro
al débil tronco se agarra,
y en ademán convulsivo
y en fatídica plegaria
al cielo en amargas quejas
favor, piedad demanda.

Paróse el Toro un momento,
y preguntóle la causa
de que aquel árbol decrépito
que al viajador de su saña
muchas veces socorriera
cortado en tierra se hallara:
"Mi inexperiencia, mi crimen,
ha causado esta desgracia.

Ansié comer de su fruto
y como en tierra apartada

resido, juzgué que nunca
su apoyo requeriría;
gocé de su grata sombra
y al despedirme, del hacha
probé los tajantes filos...
y derribé mi esperanza..."

"Eres ingrato, le dijo
aquella fiera, tu audacia
insensata y criminal
es digna de mi venganza.
Gozaste la fresca sombra
del árbol, bajo sus ramas
conciliaste el sueño dulce,
que el alma feliz restaura,
y creyendo que otra vez
a ti mismo no auxiliara
sin respeto a tanto bien,
su copa al cielo desgajas;
pues bien, malvado, perece,
que si yo te perdonara,
pronto, infame, algún yesquero
fabricarías de mis astas".

RAFAEL POMBO

Rafael Pombo nació y murió en Bogotá (1833-1912). Fue diplomático, traductor y colaborador de periódicos y revistas de la época. Vivió en Estados Unidos y trabajó en la casa Appleton, una de las editoriales más importantes de entonces en ese país.

Publicó cuentos y fábulas para niños que le dieron inmensa notoriedad y que lo llevaron a ser universalmente considerado entre los más grandes fabulistas de América Latina.

Considerado, a la vez, como uno de los poetas fundamentales de Colombia, su obra cubre un vasto panorama temático que incluye asuntos patrióticos, religiosos, amorosos, folclóricos y filosóficos.

Escribió poemas descriptivos como *Preludio de Primavera y Luna llena;* elegíacos como *Elvira Tracy* y *Decíamos ayer.*

Pombo es el maestro de la literatura infantil en nuestro país: *Michín, Juan Chunguero, La pobre viejecita, Simón el bobito, El gato bandido, El renacuajo paseador.*

EL CABALLO Y EL GORRIÓN

Dijo al caballo el Gorrión:
"Tu comedero está lleno,
mientras yo bostezo y peno
sin migaja de ración".

"Dos granos menos o más
¿a ti qué te importan, di?

¿Podré tomarlos de aquí
o tú te incomodarás?”

Y el Caballo respondióle:
“Trátame con más confianza,
hay para entrambos, y alcanza
para tu amada y tu prole”.

“Gracias” —trinó el pajarito,
y sin temor ni querella
comieron de una gamella
como hermano y hermanito.

Vino el verano, y con él
mil moscas desesperantes
que de su sangre anhelantes
cayeron sobre el corcel.

Pero el Gorrión sin esfuerzo,
sirvióle de policía
pagando así cada día
el hospitalario almuerzo.

CONTENIDO

MONTAÑA MÁGICA
MAGISTERIO

www.ingramcontent.com/pod-product-compliance
Lightning Source LLC
Chambersburg PA
CBHW071223130726

47998CB00002B/819